MARGUERITE-AUGUSTINE KLEBER

Veuve COREMANS,

A la Nation française et à ses Représentans.

Je ne sacrifie point à la vengeance ; aucune passion personnelle n'altérera la vérité dans ma bouche : j'ai été persécutée, outragée : j'ai gémi long-tems sous la griffe de ces bêtes féroces qu'on appelait hommes, qui se disaient exclusivement patriotes : s'ils fussent disparus du sol de la république française ou du théâtre des affaires, je me tairais ; le tombeau ou leur nullité seraient une barrière entr'eux et leurs victimes ; mais ils existent, ils sont revêtus, la plupart, du pouvoir de nuire ; je vois, je sens les dangers dont ils circonviennent leur proie ; certes, alors, le silence est un crime.

Je vais donc, en traçant le tableau de mes malheurs, signaler les scélérats qui ont figuré dans cette longue scène d'oppression.

Je suis née à Luxembourg, mon mari était capitaine auditeur dans les troupes de l'Empereur ; il quitta le service à l'époque de la révolution des Pays Bas, pour ne pas porter les armes contre sa patrie et ses concitoyens.

Le fanatisme et ses fureurs nous chassèrent

A.

MARGUERITE-AUGUSTINE KLEBER, Veuve COREMANS,

A la Nation française et à ses Représentans.

JE ne sacrifie point à la vengeance ; aucune passion personnelle n'altérera la vérité dans ma bouche : j'ai été persécutée, outragée : j'ai gémi long-tems sous la griffe de ces bêtes féroces qu'on appelait hommes, qui se disaient exclusivement patriotes : s'ils fussent disparus du sol de la république française ou du théâtre des affaires, je me tairais ; le tombeau ou leur nullité seraient une barrière entr'eux et leurs victimes ; mais ils existent, ils sont revêtus, la plupart, du pouvoir de nuire ; je vois, je sens les dangers dont ils circonviennent leur proie ; certes, alors, le silence est un crime.

Je vais donc, en traçant le tableau de mes malheurs, signaler les scélérats qui ont figuré dans cette longue scène d'oppression.

Je suis née à Luxembourg, mon mari était capitaine auditeur dans les troupes de l'Empereur ; il quitta le service à l'époque de la révolution des Pays Bas, pour ne pas porter les armes contre sa patrie et ses concitoyens.

Le fanatisme et ses fureurs nous chassèrent

A.

de Bruxelles où nous étions domiciliés; nous allâmes attendre des tems plus heureux à Aix-la-Chapelle.

La première constitution de la France venait d'être publiée, lorsqu'à mon retour d'un voyage à Ratisbonne, et passant par Francfort, elle tomba sous ma main. Je la lûs, elle excita mon admiration : elle a, dit-on, des défauts ; les pouvoirs ne sont pas suffisamment balancés, la puissance exécutive n'est pas assez circonscrite, etc ; toutes ces notions politiques sont au-dessus de ma portée ; quoiqu'il en soit, je n'y vis que la déclaration des droits des nations et des hommes ; je ne cessais d'en parler à mes compagnons de voyage avec l'enthousiasme et, peut-être l'indiscrétion naturelle à mon sexe ; à mon arrivée à Mayence j'en fus punie.

Déjà les petits tyrans de l'Allemagne s'agitaient sur leurs demi-trônes ; déjà la raison, demandant compte à l'un des plus anciens despotes de l'Europe de ses titres à l'asservissement du genre humain, avait porté la terreur dans leur esprit ; or la persécution accompagne toujours la terreur ; mes opinions étaient connues, elles furent dénoncées, l'Électeur me fit arrêter.

Le simple suffrage d'une femme en faveur

de la liberté, exciter les vengeances de la tyrannie ! c'est peut-être ce qui caractérise le mieux la bassesse des puissances de la terre. Aussi ce fut cette idée qui dicta toutes les lettres que j'écrivis du fond de ma prison à mon époux et à mes amis ; elles respiraient le mépris, elles appelaient la vengeance : Je me doutai bien-tôt qu'elles étaient interceptées ; mon style en devint plus amer : Je jouissais du plaisir de tourmenter de vérités dures l'oreille d'un lâche et de lui faire partager le poids de mes fers. Enfin il se lassa de sa honte ; on me rendit la liberté, avec ordre de sortir de Mayence dans vingt-quatre heures.

Je sus par des avis secrets que ma correspondance avait été communiquée aux monseigneurs de Coblentz, et qu'il n'y avait pour moi aucune sûreté sur ma route jusqu'à Aix-la-Chapelle.

Je me traînai donc comme je pus vers Landau : quand j'arrivai dans cette ville associée à la gloire d'un peuple qui venait de conquérir et, selon moi, de fixer invariablement ses droits, je me crus sur une terre hospitalière. J'ai été cruellement déçue ; mais je ne veux pas anticiper sur les événemens.

A 2

De Landau j'écrivis à mon époux et à toutes les personnes que je pouvais intéresser ou qui m'intéressaient elles-mêmes. J'y séjournai long-tems, attendant des réponses qui ne vinrent pas. Accablée de douleur et touchant bientôt à un dénuement total, je me rendis à Paris où mon mari avait des rentes sur la compagnie des Indes, les ci-devant gabelles et l'hôtel de ville ; non dans l'espoir d'en profiter (je n'avais ni titres ni procuration), mais convaincue que je serais plus facilement instruite de ce qui le concernait dans une ville où il avait des affaires à suivre, des intérêts à soigner.

Ce fut-là qu'en effet j'appris, d'abord, par des lettres du Brabant, que mes enfans et tous les biens de leur père étaient au pouvoir du gouvernement autrichien, et ensuite par celles de Luxembourg, que mon digne époux était mort, frappé tout-à-la fois par l'incertitude de mon sort et par la certitude de celui de nos enfans.

Ainsi la sérénissime altesse consomma sa vengeance. Elle avait employé toute son influence pour élever une barrière long - tems insurmontable entre moi et les uniques objets de mes affections ; elle venait de fixer pour

(5)

jamais le deuil le plus douloureux dans le cœur
d'une épouse et d'une mère ; jouissance digne
d'un prince et d'un prêtre.

Il ne me restait plus d'attachement que
pour mon pays natal, la ville de Luxembourg,
et pour ma patrie adoptive, théâtre d'une révolution alors glorieuse, aux succès de laquelle je prenais un intérêt d'autant plus vif,
que cet intérêt même avait été la cause d'une
odieuse persécution et des pertes récentes que
j'avais à déplorer.

Les troupes françaises méditaient une inva-
sion dans le Brabant, et j'apprenais dans le
même tems que la ville de Luxembourg n'avait
qu'une faible garnison, presqu'abandonnée,
que les habitans étaient dans une sorte de
détresse, prêts à tendre les mains au premier
occupant : j'entendais assurer néanmoins dans
tous les cercles que le plan du conseil exécutif
était de ne s'occuper que du Brabant, sauf
à faire sauter ensuite la forteresse de Luxembourg, à l'aide des mines sur lesquelles elle est
construite. Cette idée porta la terreur dans
mon âme ; je résolus de sauver ma patrie-mère,
et de servir celle à laquelle je venais de m'attacher par adoption.

Il fallait surtout saisir l'instant où les troupes
A 3

autrichiennes étaient occupées sur un champ de bataille éloigné.

J'en parlai au citoyen Villars, que j'avais connu ministre plénipotentiaire à Mayence, et qui me félicitait sur ce que la conquête prochaine du Brabant favoriserait mon retour dans mes foyers.

Je ne me fais point illusion, lui dis-je, sur vos progrès de ce côté, tant que Luxembourg restera à vos ennemis. Dumourier, soit ignorance, soit perfidie, me paraît commettre là même faute qui perdit le général des Belges dans la révolution des Pays-Bas ; ce dernier laissa aussi derrière lui Luxembourg, retraite favorable à ses ennemis, qui le presserent bien-tôt de tous côtés et lui arracherent la victoire. Vous éprouverez le même sort : en un mot pour conserver le Brabant il faut être maître de Luxembourg.

L'occasion est favorable, ajoutai-je, le peuple est bien disposé, la garnison presque nulle, un coup de main vous livre cette forteresse importante : profitez, si vous êtes sages et généreux, de l'occasion d'affranchir vos voisins sans leur faire acheter leur manu - mission au prix des dangers de la guerre : sous ce point de vue il me sera bien doux de concourir à vos succès.

Le citoyen Villars parut frappé de mes réflexions et touché de mes offres : dès le soir même il en fit part au conseil : le lendemain il me demanda un rendez-vous chez moi ou chez lui ; je préférai le dernier parti comme le plus sûr.

Dans cette conférence, l'interprète du conseil développa tous les moyens propres à maintenir mes bonnes dispositions ; l'amour propre, l'ambition, l'intérêt ; mes observations avaient été reçues avec enthousiasme, mes propositions avec reconnaissance : si par une heureuse capitulation je mettais Luxembourg au pouvoir de la république, il n'y avait point de récompense que je n'eusse droit d'en attendre, et point d'indemnité, dans le cas ou je serais personnellement lésée, qu'on ne fût disposé à m'accorder.

Je ne vends point mes services, lui répondis-je, je ne marchande pas ma patrie : je crois dans cette occasion l'associer au bonheur et à la gloire de la république française ; c'est pour moi un double plaisir ; c'est le seul dédommagement auquel je prétende.

Je répondis de même à de semblables propositions que *Cusset* vint me faire de la part du citoyen Pache, ministre de la guerre.

(8)

On verra dans la suite que je suis demeurée fidelle à ces principes, et que ma conduite et mon langage, à cet égard, ont été uniformes.

Cependant quel a été le prix d'un zèle si désintéressé ! je m'arrête, je ne veux pas que d'amers souvenirs m'écartent de l'ordre des faits.

Le ministre Lebrun désirait m'entretenir ; un premier rendez vous chez le citoyen Villars fut manqué, je ne me rappelle plus pourquoi : le lendemain je me rendis à son audience : son ton glacial et repoussant contrastait merveilleusement avec quelques phrases poliment insignifiantes qu'il se crut obligé de me débiter : enfin nous entrâmes en matière. Il paraissait tenir à l'idée de ne s'occuper de Luxembourg qu'après la conquête du Brabant. Je lui fis comprendre avec ménagement l'inconséquence de ce plan. Je lui peignis la difficulté d'arrêter les troupes ennemies opérant leur retraite sous la citadelle de Luxembourg, après avoir évacué le Brabant, trois chemins, de quarante lieues chacun, à garder dans un pays presque désert et inculte, des milliers d'hommes à sacrifier alors pour tenter une conquête devenue impossible, etc. etc. Il parut céder, et me dit que, tout ce qu'on pouvait faire pour seconder mes vues, c'était de me donner des lettres pour le commandant de Thionville et pour le général en chef de l'armée, avec lesquels je m'entendrais. Ces propositions et l'air dont elles étaient faites me rebutèrent : j'allai verser mes plaintes dans le sein du citoyen Villars, qui essaya de justifier le ministre. Je ne connais, lui dis-je, ni vos généraux ni leurs principes ; me donnerai-je d'ailleurs l'air d'une avanturière qui court les armées ! je ne demande aux français ni argent, ni pouvoir . je ne veux pas même être connue. Si le conseil attache quelque prix aux services que je puis rendre à la république dans cette occasion, qu'il choisisse un homme digne de sa confiance, qu'il lui donne les pouvoirs nécessaires, comme de requérir l'armée au besoin, etc. Moi je ne veux que le rôle obscur de lui donner des renseignemens, d'être la médiatrice entre mes concitoyens et lui, enfin de préparer les événemens et d'applanir les difficultés.

Le citoyen Villars se chargea de présenter ces propositions au conseil, et en effet dès le lendemain le représentant du peuple Cusset me prévint que, si je l'agréais, il m'accompagnerait en qualité de commissaire.

Je ne pouvais refuser ma confiance à un homme qui avait celle du conseil; nous nous rendîmes donc chez le ministre Lebrun, chargé par ses collègues de tout ce qui concernait cette mission.

Je ne demandai pour moi qu'un passe-port; Cusset reçut les pouvoirs les plus étendus, entr'autres de faire marcher les troupes à ses ordres et de lever, s'il y avait lieu, des sommes d'argent dans les départemens voisins. Il fut expressément convenu qu'on tiendrait dans les environs une armée prête à marcher au gré des circonstances et du succès de mes démarches, et, enfin, que Dumourier, qui venait d'entrer dans Mons, n'avancerait qu'autant qu'il serait nécessaire pour tenir en échec les troupes ennemies jusques au dénouement. Tous ces arrangemens furent arrêtés entre le ministre et moi, l'exécution m'en fut garantie par le citoyen Villars, avec lequel je promis de correspondre, et qui devait être mon interprète auprès du conseil.

Nous partîmes le 9 octobre 1792, moi, bien convaincue que j'allais affranchir mes concitoyens et leur épargner les horreurs d'un siège, Cusset, bien résolu de faire avorter mes projets bienfaisans.

D'abord nous employâmes neuf jours entiers pour nous rendre en poste à Metz. Moi qui savais devoir y être en trente six ou quarante heures au plus, je témoignai à mon conducteur mon étonnement et mon impatience. Croira-t-on que le bon Cusset achetta le huitième jour un livre de poste, afin, disait-il, que les postillons ne nous égarassent plus !

Mais en arrivant à Metz, je compris le pourquoi de cette comédie : ces quinze mille hommes, cette armée qui devait appuyer ma négociation, partait à l'instant pour franchir la montage verte, et, disait-on, aller prendre Trèves.

Aller prendre Trèves! quand toutes les forces autrichiennes y étaient retranchées jusques aux dents, quand la montagne Saint-Marguerite était couverte de six pieds de neige, quand les chemins étaient impraticables, même à des loups, quand enfin il n'y avait pas une botte de foin sur la route ! mes yeux se désillerent : ces quinze mille hommes étaient évidemment sacrifiés à un plan de trahison dont j'étais moi-même le jouet.

Je m'armai pourtant de courage, je forçai le lâche et crapuleux Cusset à me suivre à Thionville, d'où je me rendis à Luxembourg. Tout y était encore heurensement dans les mêmes dispositions qui avaient déterminé mon projet et devaient en assurer le succès : aussi ma négociation ne fut-elle ni longue ni difficile. Je revins à Thionville, je me logeai chez le citoyen Seiquier, oncle du représentant Merlin ; Cusset vint m'y voir le soir ; quel fut mon étonnement de l'entendre répondre par d'indécentes railleries aux nouvelles importantes que je lui apportais !

Il s'était ménagé, disait-il, à prix d'argent, des appuis plus sûrs que celui d'une femme ; il donnait à l'un 40 mille livres, à l'autre 50 mille etc. ect., enfin il prodiguait, à l'entendre, des millions pour acheter une ville qui était prête à se donner.

Partez, m'écriai-je avec indignation, partez avec dix mille hommes seulement, je reste en ôtage, et si dans deux fois vingt quatre heures Luxembourg n'est pas à la république, je porte ma tête à l'échafaud.

Cusset se retira sans daigner me répondre, j'étais donc réduite à l'alternative, ou d'abandonner une entreprise dont je ne tirais d'autre fruit que le soupçon d'inconséquence, ou de paraitre partager une perfidie. Je ne pus supporter cette idée, je résolus de faire ma décla-

ration devant le général Saint-Hilaire , commandant de la ville , le commissaire des guerres
et le citoyen Merlin , père du représentant. Je
sommai Cusset d'y être présent , en le prevenant
que cette déclaration serait envoyée au corps
législatif.

Bientôt je le vis chez moi ; mais qu'elle dif-
férence du railleur insolent de la veille à l'homme doux et rampant d'aujourd'hui ! on n'avoit
voulu qu'éprouver mon zèle , mon désinté-
ressement , mon courage : j'étais digne de
confiance , d'éloges et de la plus haute reconnaissance ; enfin on se livrait à ma foi, on
me priait de retourner à Luxembourg, on
allait partir soi-même pour l'armée.

J'eus la bonne foi de croire à cette conver-
sion ; je vis en effet Cusset se rendre auprès
du général Beurnonville ; moi-même je m'ache-
minai vers Luxembourg par des routes dé-
tournées, à pied, dans la neige, et au milieu
de la plus rigoureuse saison : mais j'avais à
cœur d'achever mon ouvrage.

Enfin mon commissaire revint au bout de
dix à douze jours : c'en était fait des troupes
aux ordres du général Beurnonville , elles
étaient péries de fatigue et de misère sans
avoir vu l'ennemi ; les débris de cette armée

accusaient leur général , celui-ci se rejettait sur les ordres de Custines ; bref , une lettre du citoyen Pache , ministre de la guerre , nous témoignait les regrets de ne pas pouvoir profiter de ma bonne volonté , et d'abandonner une entreprise , qu'on renouerait au printems prochain : comme si dans une espace de tems si long , les hommes et les choses ne devaient pas changer ! il était donc évident qu'on avait fait de moi l'instrument , et que je devenais la victime de la plus odieuse trahison. (1)

Quels étaient les machinateurs ? je l'ignorais : Cusset feignit de partager ma douleur , et me promit de faire part à la convention des détails de cette affaire , de la franchise de ma conduite , et des obstacles que la fortune où les hommes avaient opposés à mes efforts généreux.

Il n'en a rien fait ; il s'est excusé de son silence sur les malheurs et les troubles de ces tems - là.

J'ai adressé mes plaintes au citoyen Villars ; je n'en ai point reçu de réponse : il est vrai que mes lettres passaient toutes par les mains de Cusset , qui se faisait à cet égard un mérite de sa prudence , et qui , j'en suis aujourd'hui convaincue, profitait de ma bonne foi et s'applaudissait de son infidélité. (2)

Mes affaires personnelles, si long-tems et si imprudemment sacrifiées, m'appellaient dans le pays de la Layen : je demandai, comme étrangère, un passeport à la municipalité de Strasbourg : ici commence le système de persécution dont Cusset était l'agent, et certains Ministres, les ordonnateurs : rien de si simple alors d'accorder un passe-port à une étrangère, la loi non-seulement le permettait, elle le commandait : le maire, néanmoins me renvoya aux représentans du peuple ; ceux-ci me le refusèrent.

J'écrivis à Cusset : je reçus une réponse pour moi pleine de flagorneries et de promesses, une lettre ouverte pour le maire : celui-ci me pria de lui confier celle qui m'était adressée ; quand je la lui demandai, elle était égarée dans les papiers des représentans : ces derniers, pourtant, approuvèrent qu'on me donnât un passe-port ; la municipalité et le directoire de district me l'expédièrent ; un arrêté du directoire de département s'y opposa, sous prétexte que ma qualité d'étrangère n'était pas suffisamment prouvée.

Toujours dupe de cette jonglerie, j'envoyai l'arrêté à Cusset, en le sommant de sa parole

de me procurer un passe-port. Plus de réponse. J'écrivis au ministre Lebrun, même
silence.

Cependant je reçus une assignation du comité de surveillance de la municipalité, por-
tant ordre de produire sept témoins patriotes,
mais des plus enragés, (*) qui attestassent mon
civisme, à defaut de quoi je serais déportée.

J'eus beau représenter qu'étrangère et in-
connue dans la ville, je n'y pouvais rencon-
trer des témoins de mes opinions ; j'offris la
visite de mes papiers, je sollicitai un examen
sévère de mes principes et de ma conduite,
je demandai enfin que je fusse confrontée
avec mes accusateurs : un sergent m'apporta
en réponse l'ordre de satisfaire à l'arrêté du
comité, et la menace de la déportation dans
vingt quatre heures.

Louis, (du Bas-Rhin) et Fayolle, venaient
d'arriver à Strasbourg ; je courus, toute émue,
implorer leur appui ; mon récit, les preuves
de mon dévouement, les machinations perfides dont j'étais la victime, parurent les
étonner tout-à la-fois et les intéresser ; ils ne

____

(*) *Je suis honteuse de l'expression, mais elle n'est pas la mienne,
je ne fais que rendre littéralement le langage de ces messieurs.*

me firent pas donner le passe-port si desiré, mais ils assurèrent ma tranquillité. Graces leur en soient ici rendues.

Enfin les représentans Ruamps et Millot, à la sollicitation de ces mêmes administrateurs qui m'avaient persécutée, me firent délivrer un passe-port sous la dénomination de citoyenne française.

J'eusse été hors d'état d'en profiter, réduite aux dernières extrémités du besoin, si les Français ne fussent à cette époque entrés sur le territoire de la Layen, et n'eussent ouvert, heureusement pour moi, les communications: j'écrivis à une parente qui m'envoya des fonds et sa procuration pour une affaire dont je vais parler.

Mon projet était de me rendre à Paris, de me présenter au comité de salut public, de le convaincre de ma loyauté, et de confondre les scélérats qui venaient d'en abuser en trahissant les intérêts de leur patrie, et vouant la mienne à tous les malheurs d'un siége qu'il eut été si facile de lui épargner.

Mais je devais passer par Metz et m'y arrêter pour défendre les intérêts que ma parente avait récemment commis à mes soins.

Barbe Bauban, née en 1712, à Arlon, con-

B

trée de Luxembourg, et domiciliée à Altheim, était héritière en partie de la veuve Raucourt, décédée à Metz au mois d'avril 1792 ; c'était cette part de la succession déposée chez Mathieu notaire, que j'étais chargée de réclamer, et qui était le sujet de mon séjour dans cette ville, où j'étais arrivée le 7 octobre 1793, et où j'avais fait viser mon passe-port par les autorités constituées.

Cependant Cusset se trouvait alors en mission à Thionville : il me suivait de l'œil ; après m'avoir enveloppé dans ses piéges, il ne voulait pas que je pusse lui échapper et lever le voile qui couvrait encore ses attentats. Bientôt je fus arrêtée, et d'abord on m'accusait de chercher à avilir la représentation nationale ; mais les amis, ou plutôt les complices de Cusset, plus adroits que lui, comprirent qu'en répondant à une semblable accusation je pourrais développer des vérités accablantes pour eux : ce moyen de me nuire fut donc abandonné.

J'étais, néanmoins, dans les fers : à quelles honteuses ressources n'ont pas recours les hommes pervers ! on dressa un acte d'accusation contre moi, comme prévenue d'avoir violé la loi du 6 septembre précédent, c'està-dire, de n'avoir pas, en qualité d'étrangère, pris un certificat d'hospitalité ; moi qui, presqu'au moment, avais reçu des représentans du peuple, et des autorités constituées de Strasbourg, un passe-port sous la dénomination de citoyenne française ! moi à qui les autorités constituées de Metz venaient de confirmer cette qualité ! c'est cependant sur cette accusation dérisoire que *les Delatre, les Almeyer*, et tant d'autres exécrables suppôts du crime, m'ont traînée de cachots en cachots, de tabourets en tabourets, d'audiences en audiences : c'est ainsi que le glaive suspendu sur ma tête, mes pièces justificatives soustraites, ma correspondance interceptée, confiée à la garde, aux insultes, à la férocité d'un tigre à figure humaine, environnée des victimes du jour et de celles du lendemain, les yeux brûlés de larmes et le cœur navré, j'ai consumé vingt mois de tourmens, pour avoir adopté, chéri, servi les principes et la patrie des Français !

Enfin sonna l'heure fatale aux monstres qui s'abreuvaient du plus pur sang de la république ; le neuf thermidor mit un terme à leur rage éfrénée : les milles bastilles s'ouvrirent, les échafauds croulèrent ; le représentant

Génevois vint à Metz, et je fûs libre. Mon retour à la liberté n'était et ne pouvait être que provisoire, car je voulais être jugée.

Je suivis donc pendant deux mois deux affaires, mon jugement et le recouvrement des fonds échus à ma parente, déposés, comme je viens de le dire, chez le notaire Mathieu.

Je fûs bientôt acquittée et libre définitivement ; quand au second objet de mon séjour, il se trouvait séquestré par procès verbal du 21 septembre 1792, et pour justifier ce que cet acte offrait d'irrégulier et d'arbitraire, on avait, au mois de décembre suivant, inscrit Barbe Bauban, ma parente, sur la liste des émigrés.

Elle était cependant étrangère, elle n'avait jamais eu de domicile fixe sur le territoire français, elle y avait vécu précairement et comme pensionnaire du curé d'Angervilier, elle était retournée dans son domicile véritable, à Altheim, au mois de décembre 1791 ; à cette époque elle avait le droit constitutionnel de sortir de France, et peu de tems après, une loi l'aurait contrainte, en qualité d'étrangère, d'évacuer le territoire de la république.

Il était donc évident que le séquestre de

ses deniers était un attentat à sa propriété, coloré au bout de trois mois par une imposture.

Tels étaient les motifs et le fondement de ma réclamation, mais les pouvoirs en vertu desquels j'agissais n'étaient ni directs ni réguliers (*), aussi les administrateurs du département, tout en reconnaissant la justice de ma demande, arrêterent le 5 fructidor an 3, « qu'avant d'y faire droit, je » rapporterais un pouvoir authentique due- » ment légalisé, de Barbe Bauban, et que » j'y joindrais la preuve par des pièces au- » thentiques duement légalisées qu'avant le » premier juillet 1789, ladite Barbe Bauban » était domiciliée en pays étranger ou réputé » étranger ».

Sur la foi de cette décision, je résolus de me rendre d'abord à Luxembourg, ouvert enfin aux Français au milieu du carnage et des incendies ; qu'il me soit permis de ré- pandre ici une larme sur les maux de ma patrie, que je voulais lui épargner, et que la perfidie.... Cependant les monstres dor- ment tranquilles (3) !

(*) *J'étais subrogée aux pouvoirs que ma parente avait donné au citoyen Finius.*

De Luxembourg je devais , après avoir recueilli les preuves exigées, aller à Altheim prendre une procuration directe de ma parente , c'est à dire, remplir le vœu de l'arrêté du département de la Moselle.

Obligée de passer par Sarguemines, le nommé Le Marien m'y fit arrêter ; je suis donc encore dans les fers, comme étrangère, et l'on me prescrit de justifier que je suis inscrite sur le tableau de la commune de Luxembourg (4).

Je présentai vainement des cautions dignes de foi , et que la loi prescrivait d'accepter ; il fallut attendre en prison le retour du certificat exigé, et je reçus , après un mois de nouvelle persécution , la main - levée de ma personne par un arrêté du 6 nivose , *an quatrième de la liberté.*

Enfin j'arrivai à Altheim , je pris de ma parente des pouvoirs spéciaux , authentiques et légalisés ● je revins à Metz , munie de toutes les pièces que m'avait demandées le département pour le succès de ma réclamation.

Mais la scène était changée ; un certain Thirion était parvenu à faire destituer des administrateurs probes et instruits , pour y

substituer des hommes qu'il ne m'est pas permis de qualifier ; lui - même en qualité de
commissaire du pouvoir exécutif, dominait
et domine encore ce fantôme d'administration ; cet homme, pour les yeux duquel tout
est crime , sous les mains duquel tout est
confiscable , fit prendre un arrêté dont les
dispositions sont curieuses.

« L'administration considérant que de l'a-
» veu de la pétitionnaire , (c'est moi) et
» par la production de ses pièces , il est
» prouvé que Barbe Bauban , a résidé en
» France pendant quatre années , et qu'elle
» l'a quittée en l'année 1791 , qu'au moyen
» de cette RÉSIDENCE elle avait nécessaire-
» ment acquis un domicile en France , et que
» l'ayant quitté en 1791 , elle doit être con-
» sidérée comme émigrée.

» Considérant encore que dans la suppo-
» sition , que la pétitionnaire a fait valoir le
» plus avantageusement, que la fille Bauban
» n'aurait eu qu'un domicile de fait en France,
» et pour quelques instans , alors elle aurait
» conservé son domicile de droit en pays
» étranger, où elle avait intention de retour-
» ner ; et dans cet état de choses , cette
» fille aurait eu un double domicile , que

» dès lors, sous cet aspect elle serait tou-
» jours considérée comme émigrée, suivant
» les dispositions de l'article 1er. de la loi du
» 25 brumaire, an 3, qui répute émigrée
» toute personne qui, ayant un double do-
» micile, l'un en France, l'autre en pays
» étranger, ne constaterait pas sa résidence
» en France depuis le 9 mai 1792.

» QU'ICI ON NE PEUT EXIGER DE LA FILLE
» BAUBAN, LA PREUVE DE SA RÉSIDENCE EN
» FRANCE DEPUIS LE 9 MAI 1792, JUSQU'APRÉ-
» SENT, PUISQU'ELLE AVOUE QU'ELLE A QUITTÉ
» LE TERRITOIRE EN DÉCEMBRE 1791.

» Arrête qu'il n'y a lieu à déliberer sur la
» pétition de la veuve Coremans, pour la fille
» Bauban, et que les pièces seront adressées,
» etc. etc. »

Quel langage! quels sophismes! quelles
contradictions! quelle impudeur! c'est ainsi
que des hommes insensés déshonorent la république, et font croire à toute l'Europe
que les bons Gaulois se sont affranchis au
prix de leur loyauté et de leurs antiques
vertus (5).

Cependant, seule héritière de Barbe Bauban, repoussée du terme de mes travaux
depuis trois ans, par tous les genres d'op-

pression , je croyais toucher le but ; mes titres étaient sacrés, parfaitement conformes aux vues sages de l'arrêté du 5 fructidor, an 3 ; il faut que je rencontre un Thirion à qui il plaît de penser que ce que la république ne dérobe pas, est dérobé à la république : et me voilà obligée de traîner ma misère, de me consumer d'impatience et de douleur sur un autre théâtre ! je crois sincèrement que j'y trouverai justice, mais elle y est bien lente (6).

Quoiqu'il en soit, je vais discuter solemnellement, devant les représentans d'une nation généreuse, et la cause de ma parente et l'arrêté dicté par Thirion : j'ose croire que mes malheurs et l'évidente équité de mes raisons, me concilieront enfin la bienveillance et la justice du gouvernement.

L'homme le plus ignorant, le plus prévenu ou le plus mal-intentionné, ne trouverait pas dans ce qui a précédé, accompagné et suivi la sortie de la fille Bauban hors de France, là plus légère trace d'émigration.

C'est ainsi qu'en ont jugé les différentes autorités constituées du département de la Moselle : la municipalité et le directoire du district n'avaient considéré la saisie des deniers de la fille Bauban que comme un effet de la loi qui ordonnait le séquestre des biens des étrangers. La loi ayant été rapportée, ces magistrats du peuple avaient prononcé la main-levée : les administrateurs du département, considérant de plus près la question et mes pouvoirs, avaient jugé ceux ci insuffisans, et exigé des éclaircissemens authentiques sur la qualité d'étrangère attribuée à la fille Bauban. C'était reconnaître le principe, mais élever des doutes sur les faits, et chercher à les dissiper. Tel est l'esprit de l'arrété du 5 fructidor an 3, auquel je devais satisfaire, auquel j'ai satisfait.

En effet, j'ai fourni la preuve de la naissance de la fille Bauban en 1712, à Arlon, contrée de Luxembourg.

Celle de son séjour constant et non interrompu en empire, contrée de la Layen, pendant soixante et dix-huit années de sa vie.

Celle de la conservation de son domicile de droit, pendant le peu de tems qu'elle en a été absente.

Celle de son séjour précaire et momentané à Angerviller, contrée de Thionville, en qualité de pensionnaire du curé Finius.

Celle de son retour dans son domicile habituel, au mois de décembre 1791.

Enfin j'ai produit sa procuration en forme authentique.

Barbe Bauban a reçu l'hospitalité en France, et en est sortie sous l'empire de la constitution de 1791, c'est donc selon les principes de cette constitution qu'il faut juger, et la qualité sous laquelle elle y a vécu, et le droit qu'elle a eu d'en sortir.

Selon le pacte social alors reçu, et dominant dans toute l'étendue de l'empire français, une étrangère ne pouvait acquérir un domicile en France, et y jouir des droits de citoyenne, qu'à la condition d'y posséder une propriété foncière, ou un établissement industriel d'utilité publique, d'y payer une contribution mobiliaire ou foncière, ou de s'être fait naturaliser, et pour y parvenir, il fallait avoir eu sur le territoire un domicile de plusieurs années : à ces conditions, l'étrangère devenait française, ou était réputée domiciliée en France ; elle y jouissait alors de tous les droits communs aux citoyens français : sans ces conditions, elle demeurait maculée de la tache d'étrangère, et ne participait à aucuns des avantages et des droits des enfans de la famille.

Or, il est prouvé que la fille Bauban n'a jamais rien possédé en France, qu'elle n'y a payé aucune contribution, qu'elle y a vécu pensionnaire d'un curé de village, ami de sa famille : que par conséquent elle était étrangère au mois de décembre 1791, époque de son départ de France et de son retour dans son domicile.

Ce départ et ce retour étaient textuellement autorisés par l'acte constitutionnel : elle avait alors le droit, elle eût été plus tard contrainte de sortir du territoire ; elle a fait avec la permission de la loi, ce qu'elle prévoyait devoir faire bientôt par ordre de la loi : il est donc absurde de prétendre considérer son retour dans sa patrie, autorisé d'abord, et devenu depuis nécessaire, comme une émigration.

Qu'oppose à ces inébranlables vérités l'arrêté du département, ou plutôt du commissaire Thirion ?

De mon aveu, dit-il, la fille Bauban a RÉSIDÉ en France, donc elle y a nécessairement acquis un DOMICILE.

Elle a quitté la France *en* 1791, donc elle doit être considérée *comme émigrée*.

Je réponds au rédacteur ignorant, que la fille Bauban n'a point acquis de DOM CILE en France, précisément parce qu'elle n'a fait qu'y RÉSIDER.

Un écolier du châtelet eût appris à Thirion que la *résidence* de la fille Bauban à Angervillers ne l'eût pas autorisée, sous l'ancien régime, à distraire la plus légère contestation du tribunal *de son domicile*.

A plus forte raison sous le régime de la constitution de 1791, qui avoit établi une ligne de démarcation si précise entre les domiciliés en France et les étrangers simplement résidens, la fille Bauban était-elle demeurée étrangère, malgré son séjour ou sa résidence dans un village de la contrée de Thionville ?

Mais elle a quitté ce village en 1791, donc elle est émigrée ?

La proposition inverse eût été mieux séante dans la bouche d'un commissaire du pouvoir exécutif, à moins qu'il ne prétende que l'acte constitutionnel de 1791 n'a jamais existé, parce qu'il n'existe plus.

Je n'ai pas besoin de répéter que les principes et le texte de cette constitution autorisaient la fille Bauban à se transporter, aller et venir au gré de ses intéréts et même de ses caprices.

Cependant le rédacteur de l'arrété ne prétend pas seulement donner gratuitement un domicile français à une étrangère, il lui en crée deux ; un de fait en France, et un de droit en pays étranger, où elle avait intention de retourner ; d'où il conclut qu'elle aurait eu un double domicile, et dans ce cas c'est une émigrée ; car, par les dispositions d'une loi du 25 brumaire, an 3, ceux qui, ayant un double domicile, l'un en France, l'autre en pays étrangers ne constateraient pas leur résidence en France depuis le 9 mai 1792, sont réputés émigrés.

Il est vrai, ajoute le rédacteur, qu'on ne peut pas exiger de la fille Bauban la preuve de sa résidence depuis le neuf mai 1792, puisqu'elle a quitté le territoire en 1791.

Mais pour cela notre logique fiscale n'est pas déconcertée, et nous disons, qu'une fille qui n'a jamais eu de domicile en France a eu un double domicile ; nous disons qu'une fille sortie de France en 1791 est soumise à une loi portée en France en 1793 ; nous disons qu'une étrangère retournant dans son domicile de droit en 1791, a dû résider en France au mois de mai 1792, si non elle est réputée émigrée.

Quelque fastidieux qu'il soit de parler raison à des raisonneurs de la force de Thirion, je veux, moi femme, apprendre à Thirion ce que c'est que la loi du 25 brumaire an 3, et ce que c'est qu'un double domicile.

Le territoire français avait été envahi ; une cour corrompue, un chef perfide, ou au moins faible ; des factions opposées ; les vues ambitieuses de certains cabinets de l'Europe ; des hommes pervers ; tout avait contribué aux dangers dont la France venait de triompher, et au renversement du trône constitutionnel.

Au milieu de ces grandes convulsions qui avaient menacé l'état au-dedans et au-dehors, les armées, les places fortes, les administrations, étaient remplies d'étrangers, auxquels leurs possessions ou leurs emplois donnaient un double domicile, l'un en France, l'autre en pays ennemi : il fallait s'assurer de la fidélité de ces étrangers envers la France, et par conséquent de leur résidence dans son sein, en remontant à l'époque de l'aggression de ses ennemis. Telles sont la cause et l'esprit de la loi du 25 brumaire an 3 ; tel est le motif qui fixe au mois de mai 1792 l'obligation, pour les gens à double domicile, de prouver leur résidence sur le territoire de la république.

Or, les gens à double domicile sont les étrangers qui ont des possessions en France et dans leur patrie, qui occupent des grades militaires ou des places administratives en France, et par conséquent y ont acquis un domicile, sans renoncer à celui qui les a vu naître.

Quel rapport Thirion trouve-t-il entre cette classe d'hommes et une fille octogénaire, pensionnaire d'un curé de village, sans possession, sans état, rappelée dans ses foyers par le premier bruit de guerre, dans un tems où la loi lui permettait d'y retourner, et au moment où elle allait le lui ordonner ?

Comment Thirion ose-t-il appliquer une loi du 25 brumaire, an 3, à une étrangère sortie de France au mois de décembre 1791 ?

Enfin, en admettant dans cette affaire l'idée absurde d'un double domicile, pourquoi Thirion veut il que la fille qui a quitté l'un de ces domiciles en 1791, soit coupable pour ne pas justifier de sa résidence dans ce domicile depuis le neuf mai 1792 ?

J'abandonne au lecteur, Thirion et ses sophismes ; j'ai prouvé que la fille Bauban est née en pays étranger, a vécu en pays étranger avant l'année 1789, a résidé comme étrangère en France jusqu'au mois de décembre 1791, époque de son retour dans son unique et vrai domicile ; j'ai prouvé que lorsqu'elle est sortie de France elle exerçait un droit qui allait bientôt devenir un devoir ; j'ai prouvé enfin qu'elle n'est point, qu'elle ne peut pas être émigrée.

Je représente ses pouvoirs, et j'agis comme son héritière : à ce double titre, je demande à la nation française et à ses représentans, au nom du droit des gens, la restitution de son bien injustement saisi ou séquestré ; je la demande pleine, entière et fidèle ; je la demande comme une justice et comme une indemnité, bien légitime sans doute, des persécutions dont je viens de présenter la cause et de tracer le tableau.

Fait à Paris, ce 10 messidor, 4ᵉ année de la république française.

Coremans, née Kleber, demeure maison de commerce, nº 19, rue Bourg-l'Abbé.

C

(1) Ce mémoire est depuis long-tems destiné à l'impression; mais Cusset aussi, depuis long-tems, était en jugement ; d'abord comme infracteur de la loi qui l'obligeait de sortir de Paris, en second lieu comme complice de la conjuration de Babœuf, et enfin comme convaincu de complicité du dernier attentat des anarchistes au camp de Grenelle.

Je n'ai pas voulu l'accuser tant qu'il jouait lui-même le rôle d'accusé ; il me paraissait peu généreux de dénoncer un homme qui se trouvait sous le glaive de la loi ; ma délicatesse m'a jetté dans un autre inconvénient, Cusset est mort : sa perversité, il est vrai, l'a conduit au dernier terme de la vie ; mais enfin il n'est plus, et la vérité que je proclame est au moins inutile à son égard. Je ne me dissimule point l'objection ; néanmoins une foule de considérations l'emportent sur elle.

1°. Ce mémoire est écrit depuis quatre mois, et j'en ai pour garants tous les députés du département de la Moselle, qui me permettent de les citer.

2°. J'ai encore pour témoins des faits que je rapporte, les citoyens Villars, Mathieu, Fayolle, Ruamps, Millot, tous les membres de l'ancien comité de salut public, auxquels j'ai adressé dans le tems les mêmes récits que je consigne dans cet écrit ; enfin les citoyens Pache, Beurnonville, etc.

3°. Mon mémoire est moins accusateur que justificatif : il m'importe peu d'indiquer des coupables, morts ou vivans ; mais il est de mon devoir, j'ai acquis le droit par mes malheurs, de me présenter telle que je suis à l'opinion publique, de conserver une réputation intacte, et de transmettre à mes concitoyens et à mes enfans la justification de ma conduite dans des circonstances aussi difficiles qu'équivoques.

Mes vues n'ont malheureusement que trop été justifiées par les évènemens ; Luxembourg est à la république, mais à quel prix ! je vois encore le carnage, les incendies, le viol, tous les crimes de la guerre, planer sur cette déplorable contrée ! Luxembourg est à la république, mais à quel titre ? C'est une conquête qu'on opprime : toutes les charges pèsent sur les habitans ; ils ne jouissent d'aucuns des droits d'association au pacte social, à la constitution politique des français : ils ne sont pas même représentés. En serait-il de même, si on eût concouru de bonne foi au succès de mon salutaire projet ?

(2) Je suis convaincu aujourd'hui que toutes mes lettres ont été interceptées ; j'étais, long-tems avant que l'on m'ouvrit les cachots de Metz, la prisonnière de Cusset ; et depuis ma détention, le

directeur de la poste a parfaitement rempli les intentions de mes ennemis : aussi ce directeur accusé par moi, et confondu à l'audience, destitué depuis, reçoit en ce moment le prix de ses coupables manœuvres ; il est rentré dans sa place : la perversité a donc encore ses protecteurs !

(3) Je le répète, ce mémoire était rédigé depuis long-tems, et je ne m'attendais pas qu'un des auteurs de mes maux et de ceux de ma patrie trouverait son heure fatale. Cependant d'autres coupables respirent, et le sentiment que j'exprime avec tant d'amertume ne manque pas d'application.

(4) Cet évènement sur lequel je ne m'arrête pas, est cependant bien digne d'attacher les regards d'un observateur impartial. La ville de Luxembourg faisait partie du territoire de la république ; je voyageais munie d'un passeport des autorités constituées de cette ville, je me rendais dans un pays également annexé au territoire de la république, et cependant je suis mise en prison comme étrangère, et je n'en suis sortie qu'en prouvant que j'étais inscrite sur le tableau de la commune de mon pays natal, non-seulement depuis, mais avant la conquête : la conséquence est claire ; si je n'ai pas subi le sort d'un peuple assiégé, massacré, pillé, je ne suis pas digne de voyager sur le territoire français : ainsi raisonnent des magistrats qui président au bonheur et à la sûreté du peuple ! Heu-

reusement pour moi, la complaisance de mes concitoyens vint me soustraire à la tyrannie de la
sottise.

(5) La révolution est à son terme, il faut le
croire, puisque les français ont adopté une constitution, puisqu'ils ont un gouvernement, puisqu'ils
obéissent à des loix. Cependant la France est encore le théâtre de réactions sanguinaires, de com-
plots atroces et ridicules, de menées sourdes et
perfides, d'injustices générales et privées, d'administrations violentes ou astucieuses : les principes de la sociabilité sont incertains ou violés :
où est la cause de cet état de crise qui menace
de mort le corps social? La justice, qui seule peut
recomposer les élémens de ce corps sorti du cahos
révolutionnaire, n'a pas encore repris son heureuse,
son infaillible influence. La justice, cette provi-
dence immédiate qui veille au bonheur des socié-
tés humaines, qui le produit, qui le consacre; la
justice est sans culte, ou n'en obtient qu'un secret
et timide dans quelques ames privilégiées.

On conçoit à la vérité que le tems passé cor-
rompt le tems présent; que les ouragans révolu-
tionnaires laissent des traces d'agitation et de dé-
sordre, malheureusement inévitables : mais à la voix
de qui les derniers mouvemens de la tempête doi-
vent-ils s'appaiser ? à la voix d'un gouvernement
juste, toujours juste, complettement juste; et, qu'il

ne s'y trompe pas, il trouvera son intérêt et sa sûreté dans sa justice.

Législateurs, et vous qui exercez temporairement le pouvoir constitutionnel, si l'orphelin réclame envain contre un spoliateur audacieux; si, sous le prétexte d'un défaut de forme, il est repoussé du sanctuaire; si des citoyens irréprochables sont frappés d'anathême pour des fautes qui leur sont étrangères; si la foi publique est violée envers une classe importante de la société, et qu'il y ait deux poids et deux mesures dans la distribution des ressources communes; si les malheureux qu'opprima long-tems la tyrannie la plus exécrable, redemandent sans succès les débris de leur fortune; si des hommes exagérés ou pervers désolent les départemens, et justifient leurs iniquités par des sophismes; ne vous étonnez ni de l'indiscipline de vos armées qui flétrit leurs lauriers, ni des fluctuations intestines qui vous fatiguent et peuvent vous entraîner.

Ces réflexions auraient plus d'autorité sans doute dans une autre bouche que celle d'une femme et d'une étrangère, mais je ne suis que l'écho des bons citoyens, des vrais patriotes.

(6) Il y a des hommes moroses et, probablement injustes, qui attribuent ces lenteurs à un plan concerté de paralyser la partie la plus saine des citoyens français, celle qui soutiendrait le plus

efficacement la constitution actuelle : moi, je pense qu'elle est l'effet inévitable d'une fausse mesure. Comment, en effet, concentrer dans un seul bureau trente mille réclamations? Les coopérateurs du ministre, et lui-même, fussent-ils autant d'Hercules, laisseraient long-tems les *Augias français* dans l'attente de la purification de leurs domiciles.

De l'Imprimerie de Du Pont, rue de l'Oratoire.